Nadine Räuchle

Die Bedeutung außerschulischer Lernorte im Schulalltag im Politikunterricht

GRIN Verlag

Bibliografische Information der Deutschen Nationalbibliothek:

Die Deutsche Bibliothek verzeichnet diese Publikation in der Deutschen National-
bibliografie; detaillierte bibliografische Daten sind im Internet über http://dnb.d-
nb.de/ abrufbar.

Impressum:

Copyright © 2013 GRIN Verlag GmbH
Druck und Bindung: Books on Demand GmbH, Norderstedt Germany
ISBN: 978-3-656-64382-1

Dieses Buch bei GRIN:

http://www.grin.com/de/e-book/271992/die-bedeutung-ausserschulischer-lernorte-
im-schulalltag-im-politikunterricht

Akademische Teilprüfung III
Politikwissenschaft

Welche Bedeutung haben außerschulische Lernorte im Schulalltag, insbesondere im Politikunterricht?

Pädagogische Hochschule Ludwigsburg
Seminar: Außerschulische Lernorte
Sommersemester 2013 Abgabetermin:
31. Oktober 2013

Nadine Räuchle

Studiengang: Lehramt an Realschulen

Fachgewichtung: Deutsch, Geschichte, Politikwissenschaft Semester: 7

INHALTSVERZEICHNIS

1. Einleitung

Außerschulische Lernorte, Exkursionen, Erkundung, Klassenfahrt, ... – alle haben sie eines gemeinsam: Sie bleiben Schülerinnen und Schülern[1] im Gedächtnis.

Mir erging es dabei nicht anders. Wenn ich heute an meinen Gemeinschaftskundeunterricht zurückdenke, fallen mir zunächst die Exkursionen zum Stuttgarter Flughafen und zum Amtsgericht ein.

Darum entschied ich mich eine Hausarbeit zum Thema außerschulische Lernorte zu schreiben.

Die vorliegende Arbeit beschäftigt sich damit, welche Bedeutung außerschulische Lernorte für den Schulalltag haben. Insbesondere wird dabei die Rolle der außerschulischen Lernorte im Politikunterricht betrachtet.

Zunächst werden mehrere Definitionen untersucht und miteinander verglichen. Anschließend wird die Planung eines außerschulischen Lernortes näher betrachtet. Des Weiteren werden einige der zahlreichen Vorteile außerschulischer Lernorte vorgestellt und oft genannte Nachteile beleuchtet und zugleich entkräftet.

Außerdem wird das Gericht als ein konkreter politischer außerschulischer Lernort vorgestellt und der methodische Dreischritt von Burk und Claussen anhand dieses Beispiels durchgeführt.

Im abschließenden Fazit wird dann die Frage nach der Bedeutung der politischen außerschulischen Lernorte im Schulalltag geklärt.

In der vorliegenden Arbeit liegt der Schwerpunkt auf außerschulischen Lernorten im Politikunterricht. Jedoch sind außerschulische Lernorte in allen Fächern und Klassenstufen möglich, es lässt sich deswegen keine klare Abgrenzung zu politischen außerschulischen Lernorten ziehen. Deswegen beinhaltet die Hausarbeit auch Kapitel, die sich mit außerschulischen Lernorten im Allgemeinen beschäftigen. Auch die historische Entwicklung der außerschulischen Lernorte ist kein Gegenstand dieser Arbeit.

Des Weiteren werden keine genaue Begriffsbestimmung zu den einzelnen Formen wie Exkursion oder Erkundung gegeben.

---

[1] Im Hinblick auf die Lesbarkeit wird im Folgenden nur noch die männliche Nennform verwendet, dies ist nicht als Diskriminierung anzusehen.

2. Außerschulische Lernorte

In diesem Kapitel wird untersucht, was außerschulische Lernorte sind und welche verschiedenen Definitionen es dafür gibt.

Im Voraus muss angemerkt werden, dass es keine allgemeingültige Definition gibt.[2] Wenn man zunächst rein von den Begrifflichkeiten ausgeht, dann sind außerschulische Lernorte Plätze außerhalb der Schule, bei denen man etwas lernt, wobei „schulisch" bereits impliziert, dass es darum geht, dass Schüler dabei lernen. Sauerborn und Brühne schlagen in ihrem Buch *Didaktik des außerschulischen Lernens* folgende Definition vor:

> *„Außerschulische Lernorte beschreiben die originale Begegnung im Unterricht außerhalb des Klassenzimmers. An außerschulischen Lernorten findet die unmittelbare Auseinandersetzung des Lernenden mit seiner räumlichen Umgebung statt. Charakteristisch sind hierbei vor allem auch die Möglichkeiten einer aktiven (Mit-)Gestaltung sowie die Möglichkeit zur eigenständigen Wahrnehmung mehrperspektivischer Bildungsinhalte durch die Lerngruppe."[3]*

In dieser Definition wird einerseits die Begegnung außerhalb des Klassenzimmers in den Fokus gestellt, andererseits auch der Lernende, der sich durch das Lernen außerhalb des Klassenzimmers aktiv mit seiner räumlichen Umgebung auseinandersetzen kann.

Auf der Webseite des Thüringer Schulportals lässt sich eine weitere Definition für außerschulische Lernorte finden:

> *„Mit Blick auf ein gemeinsames Begriffsverständnis verstehen wir unter einem "außerschulischen Lernort" jeden Ort außerhalb der Begrenzung eines Klassenraumes, der auf Grund des ihm innewohnenden Potenzials die Möglichkeit bietet, unterschiedlichste Lernthemen in der originalen Begegnung sowie mit einem hohen Grad an Eigenständigkeit und Kreativität entdeckend und forschend zu bearbeiten und auf diese Weise zu einem tieferen Verständnis von Zusammenhängen beiträgt."[4]*

---

[2] Vgl. Gaedtke- Eckardt, S.5
[3] Sauerborn und Brühne, 2007, S. 15
[4] Thüringer Schulportal [Stand: 22.August 2013]

Diese Begriffsbestimmung zeigt das Potenzial von außerschulischen Lernorten: Es kann etwas gelernt werden, im Umkehrschluss wird aber nicht vorausgesetzt, dass an jedem Lernort etwas gelernt werden muss. Wie auch in der ersten Definition findet hier außerschulisches Lernen bereits außerhalb des Klassenraums statt, beispielsweise also auch auf dem Schulflur.

Burk, Rauterberg et al. haben folgende Definition aufgestellt:

> *„Grundsätzlich kann jeder Ort zu einem schulischen Lehrort bzw. Lernort werden. Unterteilen lassen sie sich in außerschulische Orte und Einrichtungen, die pädagogischen Zwecken dienen und einen Bildungsauftrag erfüllen sollen und in solche, die völlig ohne pädagogische Zwecke bestehen."*[5]

Diese Definition macht zwar deutlich, dass jeder Ort zu einem Lernort werden kann, es bleibt allerdings offen, wie dies geschieht. Auch der Faktor der Lernenden und die Rolle der Lehrerperson werden nicht berücksichtigt. Stattdessen wird eine Unterscheidung in pädagogisch dienlich und undienlich vorgenommen.

Messmer, von Niederhäusern et al. gehen bei ihrer Begriffsbestimmung auch über den schulischen Bereich hinaus:

> *„Orte außerhalb des Schulhauses, an denen Personen jeglichen Alters im Rahmen formaler, non-formaler oder informeller Bildung lernen können. Konstitutiv für diese Lernorte ist die Möglichkeit der unmittelbaren Begegnung mit einem Lerngegenstand und/ oder Sachverhalt. Ausserschulisches [!] Lernen findet statt, wenn solche Begegnungen – bewusst oder unbewusst – in den Lernprozess integriert sind und zu einem Kompetenzerwerb beitragen. [...]"*[6]

Außerschulisches Lernen wird hierbei nicht direkt an der Schule festgemacht, es kann auch als informelles Lernen geschehen und ist für jedes Alter zugänglich. Bei dieser Definition wird am deutlichsten, was einen Ort zu einem außerschulischen Lernort in der Schule macht: Der Besuch eines außerschulischen Lernortes muss in den Lernprozess integriert sein und zum Kompetenzerwerb der beteiligten Personen beitragen.

Alle Definitionen haben gemeinsam, dass für einen außerschulischen Lernort das Klassenzimmer verlassen werden muss. Bei Sauerborn und Brühne, der Webseite des Thüringer Schulportal und Messmer, von Niederhäusern et al. muss eine originale/ unmittelbare Begegnung stattfinden, erst dann wird ein Ort zum Lernort.

---

[5] Burk, Rauterberg et al., 2008, S. 11
[6] Messmer, von Niederhäusern et al., S. 7

Besonders die Definitionen von Sauerborn und Brühne und vom Thüringer Schulportal gehen auch auf die aktive Mitgestaltung beziehungsweise die Eigenständigkeit der Schüler ein. Die Schüler sollten beim Besuch eines außerschulischen Lernortes aktiv werden, dies kann bereits in der Vorbereitung geschehen, wie im Kapitel 3 aufgezeigt wird.

Auffallend ist, dass bei keiner der Definitionen die intensive Vor- und Nachbereitung erwähnt wird.

Deshalb wird folgende Definition vorgeschlagen, die sich aus den positiven Argumenten aller oben genannten Definitionen zusammensetzt und die Planung mit einbezieht:

Außerschulische Lernorte beschreiben die originale und unmittelbare Begegnung im Unterricht außerhalb des Klassenzimmers. Charakteristisch für außerschulische Lernorte ist die Möglichkeit der aktiven Mitgestaltung sowie die Chance zur eigenständigen Wahrnehmung mehrperspektivischer Bildungsinhalte und somit ein tieferes Verständnis der Zusammenhänge. Lernen an einem außerschulischen Lernort geschieht dann, wenn die reale Begegnung in den Lernprozess integriert ist und zum Kompetenzerwerb beiträgt. Ein außerschulischer Lernort sollte nicht spontan besucht werden, sondern bedarf einer intensiven Vor- und Nachbereitung durch den Lehrer und die Schüler.

2.1. Außerschulische Lernorte im Politikunterricht

Außerschulische Lernorte im Politikunterricht haben laut *Ackermann* nur eine relativ kleine Bedeutung und wurden bisher von der pädagogischen Diskussion nicht beachtet.[7] Dabei muss allerdings berücksichtigt werden, dass sein Buch *Politisches Lernen vor Ort* bereits 1988 erschienen ist. Heutzutage haben außerschulische Lernorte in der pädagogischen Diskussion einen anderen Stellenwert. Burk, Rauterberg et al. mahnen sogar an, dass Kritik an der Dominanz der außerschulischen Lernorte mit ihrem Erlebnis- und Eventcharakter laut werden könnte.[8]

Ackermann begründet seine Aussage mit zwei Ursachen. Einerseits sei eine gewisse Politikscheue der deutschen Pädagogik der Grund, andererseits fehle es an

---

[7] Vgl. Ackermann, S. 13
[8] Vgl. Burk, Rauterberg et al., S. 15

politischen Kategorien, damit ein Lernort überhaupt als politisch wahrgenommen werden kann.[9]

Laut Ackermann solle ein außerschulischer Lernort nach den politischen Dimensionen *polity, policy* und *politics* hin ausgewählt werden. Die Dimensionen unterteilen Politik in die Form (*polity*), die Aufgaben und Probleme (*policy*) und in den Prozess der politischen Willensbildung (*politics*). Durch diese Unterscheidung wird den Schülern ein Teilaspekt der Politik gezeigt, sie müssen sich nicht dem ganzen Politikfeld auf einmal annehmen, was viel zu unübersichtlich wäre.[10]

Detjen fordert außerdem eine didaktische Strukturierung um die Lernziele zu erreichen, denn „[n]ur so besteht nämlich die Aussicht, dass die Schülerinnen und Schüler den politischen Charakter des jeweiligen Lernortes und dessen gesellschaftliche Einbindung überhaupt wahrnehmen."[11]

Der Vorteil politischer außerschulischer Lernorte liegt für Ackermann darin, dass sie „[...] einen direkten, erlebnisbezogenen Zugang zu zentralen Politikbereichen [ermöglichen], was aber nicht einen Verzicht auf abstraktes Lernen bedeuten soll."[12] Durch außerschulische Lernorte kann den Schülern die oftmals abstrakte Politik näher gebracht werden. Sie sind also eine Chance um Politik anschaulicher und verständlicher zu machen, gleichzeitig mahnt Ackermann aber an, dass abstraktes Lernen im Klassenzimmer dabei nicht auf der Strecke bleiben darf. Ganz auf Fakten- und Institutionswissen kann also nicht verzichtet werden.

Ackermann führt außerdem aus, dass Politik dem Einzelnen oft nicht direkt wahrnehmbar und zugänglich ist, sondern oft durch die Massenmedien vermittelt wird.[13]

Ähnlich argumentiert auch Von Reeken: „Den unmittelbarsten Zugang zur Politik können Kinder in ihrem lokalen Umfeld erfahren."[14] Erst wenn auf lokaler Ebene politische Veränderungen sichtbar werden, können diese auch auf staatlicher Ebene verstanden werden.

Auch Detjen schließt sich diesem Argument an. Für ihn kann durch politische außerschulische Lernorte am ehesten der politische Nahraum und gesellschaftliche

---

[9] Vgl. Ackermann, S. 13
[10] Vgl. Ackermann, S. 14 f
[11] Detjen, S. 202
[12] Ackermann, S. 15
[13] Vgl. ebd., S. 15
[14] Vgl. Von Reeken, S. 88

5

Gegebenheiten, die sich auf lokaler Ebene abspielen, erkundet werden. Somit eignen sich außerschulische Lernorte besonders im Bereich der Kommunalpolitik.[15] Es ist jedoch ein Trugschluss zu glauben, dass die Schüler durch den Besuch eines außerschulischen Lernortes die politische Wirklichkeit durch reine Anschauung verstehen und fassen können.[16] Vielmehr sollten „[d]en Schülern [...] Fähigkeiten vermittelt werden, mit deren Hilfe sie die komplexen Zusammenhänge und interessen- und ideologiegebundenen Präsentationsformen der Politik und Politiker durchschauen können."[17]

Alleine durch einen Besuch eines außerschulischen Lernortes lernen die Schüler nicht viel. Wichtiger ist es, dass sie dabei Fähigkeiten und Kompetenzen vermittelt bekommen.

Auch Von Reeken spricht sich für die Bedeutung der außerschulischen Lernorte im Politikunterricht aus. Denn „[...] nur vor Ort [ist] eine direkte Begegnung mit Politikern, politischen Institutionen und Prozessen einschließlich deren Beeinflussung durch Kinder möglich."[18]

Joachim Detjen stellt vier Gruppen außerschulischer Lernorte vor, die für den Politikunterricht geeignet sind.

Gruppe 1 beinhaltet Politik und Verwaltung, als Beispiele werden die Institutionen oder lokale Politikverbände genannt.

Gruppe 2 umfasst die öffentliche Infrastruktur wie beispielsweise die Schule, öffentlicher Personennahverkehr, Feuerwehr und Krankenhaus.

Die 3. Gruppe besteht aus Wirtschaft und Gesellschaft, Detjen schlägt für Lernorte in diesem Bereich Industrie- und Handwerksbetriebe, Kreditinstitute und Geschäfte vor.

In der 4. Gruppe werden Kultur, Medien und Freizeit zusammengefasst, darunter fallen Denkmäler, Museen oder eine Zeitungsredaktion.[19]

---

[15] Vgl. Detjen, S. 213
[16] Vgl. Ackermann, S. 16
[17] Ackermann, S. 16
[18] Von Reeken, S. 88
[19] Vgl. Detjen, S. 202

3. Einsatz in der Schule

Außerschulische Lernorte können in allen Fächern und allen Klassenstufen eingesetzt werden und sollten eine wertvolle Ergänzung zu den herkömmlichen Arbeitsweisen und Lernformen darstellen.[20]
Sie können dabei am Anfang, in der Mitte oder am Ende einer Unterrichtseinheit stehen und verschiedene Aufgaben übernehmen. Zu Beginn einer Unterrichtseinheit dienen sie zum Einstieg und zur ersten Einführung, während der Einheit kann durch sie eine Vertiefung und Veranschaulichung stattfinden und am Ende haben sie die Funktion einer Ergebnissicherung.[21]

3.1.   Die Planung

Burk und Claussen haben 1980 für die Planung eines außerschulischen Besuchs einen methodischen Dreischritt aufgestellt, der folgendermaßen gegliedert ist:
„1. Vorbereitung auf das Lernen „vor Ort",
2. handelnde Auseinandersetzung mit dem Lernort,
3. Auswertung der Eindrücke, Erlebnisse und Erfahrungen."[22]
Ein außerschulischer Lernort sollte also nie spontan und ohne Vorbereitung besucht werden. Der Planungsdreischritt von Burk und Claussen hat sich in der Didaktik durchgesetzt, weil

> „[...] sich komplexere Vorgehensweisen beim außerschulischen Lernen in der Regel als unvorteilhaft [erweisen]. Denn diese sind entweder zeitlich nicht zu realisieren, zu komplex im Bezug auf ihre Umsetzung oder gefährden insgesamt die Ganzheitlichkeit des Lernprozesses."[23]

Im Folgenden werden die einzelnen Phasen der Vorbereitung, der Durchführung und der Nachbereitung genauer vorgestellt.

---

[20] Vgl. Ackermann, S. 21
[21] Vgl. Meyer, S. 328
[22] Burk und Claussen, S. 26
[23] Sauerborn und Brühne, S. 80

3.1.1. Die Vorbereitung

Bei der Vorbereitung eines Besuchs ist es sinnvoll, die Schüler direkt mit einzubeziehen.[24]

Durch freie Gespräche oder Brainstorming können Wissenstand und Erfahrungen der Schüler zu einem bestimmten außerschulischen Lernort ermittelt werden. Dies dient unter anderem dazu, dass die Schüler sich mit dem bevorstehenden Besuch anfreunden und ihre Erwartungen an den Sachverhalt und die reale Begegnung abstimmen können.[25]

Außerdem müssen die Schüler ausreichende Sachkenntnis zum jeweiligen außerschulischen Lernort haben und mit dem Erkundungsgegenstand vertraut sein. Denn nur so können sich Fragen und Hypothesen herausbilden, die unumgänglich sind für bestimmte Aufgaben oder eine Befragung vor Ort.[26]

Der genaue Lernort und ein Termin müssen festgelegt werden. Wenn die Schüler nicht miteinbezogen werden, sollten sie und ihre Eltern rechtzeitig informiert werden, gegebenenfalls ist auch das Einverständnis der Eltern notwendig. Wenn der Lernort eine Institution ist, muss der Termin natürlich abgeklärt werden. Außerdem sollte vorab festgelegt werden, welche Inhalte behandelt werden, so dass sich der Besuch möglichst nahtlos in den Unterricht einreiht. Von Vorteil ist es, wenn die Lehrkraft vorab den Lernort besucht und sich mit den Gegebenheiten vertraut macht. Dazu gehört auch die Planung des Weges. Kann die Klasse zu Fuß zum Lernort gelangen, ist es möglich mit öffentlichen Verkehrsmitteln zu fahren oder muss ein Bus gemietet werden? Je nach Entfernung fallen Kosten an, die entweder die Schüler und ihre Eltern übernehmen müssen oder aus der Klassenkasse gezahlt werden. Nachdem diese erste Planung steht, sollten in der Klasse Verhaltensregeln, Sicherheitshinweise und Organisatorisches geklärt werden.[27]

Außerdem ist es wichtig, die Schüler auf ihre Aufgabe am Lernort vorzubereiten. Mögliche Arbeitsaufträge an die Schüler können dabei Skizzieren, Protokollieren oder Fotografieren sein.[28]

---

[24] Vgl. Gaedtke-Eckardt, S.8
[25] Vgl. Sauerborn und Brühne, S. 77
[26] Vgl. Detjen, S. 206
[27] Vgl. Gaedtke-Eckardt, S.8
[28] Vgl. Detjen, S. 206

3.1.2. Die Durchführung

Der eigentliche Besuch, also die Phase der Durchführung, kann von den Schülern entweder durch ein vorbereitetes Expertengespräch, durch eine Führung oder durch Arbeitsaufträge erkundet werden. Je nach Methode fällt eine Vorbereitung aus. Beispielsweise sollten die Schüler bei einem Expertengespräch vorab Fragen notieren, die dann im Gespräch beantwortet werden können. Die genannten Methoden können auch untereinander vermischt werden.[29]

Sauerborn und Brühne sprechen sich dafür aus, die Schüler vor dem eigentlichen Besuch Material selbst erarbeiten zu lassen „[...] um die reale Begegnung in ihrer Effektivität weiter zu steigern."[30]

Ackermann unterscheidet zwischen Arbeitsexkursion und Übersichtsexkursion, zwei Begrifflichkeiten aus der Geographie. Arbeitsexkursion meint hierbei, dass die Schüler vor Ort in Kleingruppen Arbeitsaufträge lösen. Bei einer Übersichtsexkursion hingegen wird die Klasse am Lernort geführt. Ackermann tendiert jedoch dazu, „[...] die Schüler möglichst stark an der Vorbereitung, Durchführung und Auswertung zu beteiligen und ihnen Spielräume für ungeplante Erfahrungen und Wahrnehmungen zu lassen, [...]."[31]

Burk und Claussen differenzieren die Phase der Durchführung in die punktuelle, die intensive und die projektorientierte Begegnung.[32]

Bei der punktuellen Begegnung wird ein Lernort lediglich einmal aufgesucht und es bedarf einer intensiven Vor- und Nachbereitung. Bei der intensiven Begegnung wird der Lernort mehrmals aufgesucht, dadurch kann die Lehrerperson die Herangehensweise der Schüler beobachten und seine Lernplanung daraufhin auslegen. Bei der projektorientierten Begegnung können die Schüler „[...] mehrere Erkundungsaufträge aus einem fächerübergreifenden Projekt an mehreren Tagen hintereinander verfolgen [...]."[33]

Beim Besuch einer Institution wäre es wünschenswert, wenn es zunächst eine Begrüßung durch einen Repräsentanten der Einrichtung gibt. Anschließend sollte der Erkundungsplatz aufgesucht werden, für den insgesamt am meisten Zeit eingeplant

---

[29] Vgl. Gaedtke-Eckardt, S.8 f
[30] Sauerborn und Brühne, S. 77
[31] Ackermann, S. 21
[32] Vgl. Brühne, S. 5
[33] Burk und Claussen, S. 32

sein sollte. Abschließend sollte erneut ein Vertreter der Institution zur Verfügung stehen, um offene Fragen klären zu können.[34]

3.1.3. Die Nachbereitung

Der Phase der Nachbereitung fällt ebenfalls eine wichtige Rolle zu.

„In der Nachbereitung oder Auswertungsphase geht es darum, die erlebte, erfahrene, beobachtbare und damit sinnlich erfassbare oder kommunizierbare Realität durch ein abschließendes Aufgreifen im Unterricht zu rekonstruieren."[35]

Dabei sollte das Erlebte am Lernort reflektiert und neues Wissen eingeordnet werden. Diese Phase kann entweder direkt nach dem Besuch eines außerschulischen Lernortes stattfinden oder in den weiteren Unterrichtstunden. Am Ende einer Unterrichtseinheit kann die Reflexion auch kürzer ausfallen, da die wichtigsten Lerninhalte bereits behandelt wurde und die Schüler sich möglicherweise einem neuen Thema zuwenden wollen.[36]

Wenn die Schüler jedoch viele neue Erkenntnisse gewonnen haben, bedarf es einer intensiven Nachbereitung. Dazu gehört neben der ausführlichen Reflexion über den Besuch des außerschulischen Lernortes auch eine mögliche Weiterarbeit. So kann der Besuch und die gewonnenen Erkenntnisse einer breiteren Öffentlichkeit vorgestellt werden, beispielsweise über einen Artikel in der Schülerzeitung oder über Plakate.[37]

Ob ein außerschulischer Lernort die Schüler wirklich zum Lernen angeregt hat, lässt sich nicht immer sofort ermitteln, da sich die Auswirkungen erst längerfristig bemerkbar machen.[38]

3.2. Vorteile

Der Besuch eines außerschulischen Lernortes bietet zahlreiche Vorteile. Einige davon werden im Folgenden näher erläutert.

Ein großer Vorzug der außerschulischen Lernorte ist die Handlungsorientierung. „Die Erkundung bietet den Schülern die Chance, den Lern- und Erfahrungsprozeß [!] selbst mitzubestimmen, in der Schule gelernte Methoden vor Ort zu erproben und

---

[34] Vgl. Detjen, S. 207
[35] Sauerborn und Brühne, S. 79
[36] Vgl. Detjen, S. 207
[37] Vgl. Sauerborn und Brühne, S. 79
[38] Vgl. Ackermann, S. 21

Ansätze zu politischem Handeln zu entwickeln."[39] Sowohl in der Vorbereitung, der Durchführung und der Nachbereitung können sich Schüler aktiv einbringen und eigenverantwortlich handeln. Dadurch kann ihre Motivation steigen.

Ein weiterer Vorteil ist die Alltagswelt- und Lebensweltorientierung.[40] Indem die Schule als eigentlicher Lernort verlassen wird, verlässt man auch den institutionellen Rahmen. Dadurch kann das Lehrer-Schüler-Verhältnis gelockerter und persönlicher werden. Denn außerhalb der Schule verhalten sich die Schüler oftmals anders und zeigen vielleicht Seiten an sich, die dem Lehrer in der Unterrichtssituation nicht aufgefallen wären.[41]

Daran schließt sich das Argument des sozialen Lernens an.[42] Da die Schüler den Klassenraum verlassen und gemeinsam etwas erleben, wird das soziale Lernen gefördert. Außerdem lernen sich die Schüler untereinander besser und außerhalb des bekannten Rahmens der Schule kennen, wodurch sich das Klassenklima insgesamt verbessern kann.

Zwar bleibt Schule auch außerhalb des Schulgebäudes Schule, doch bieten sich zahlreiche andere Möglichkeiten des Lernens und Entdeckens.[43]

Des Weiteren wird das erworbene Wissen beim Besuch eines außerschulischen Lernortes besonders gut gespeichert. „Die durch Anschaulichkeit vermittelten Informationen und Zusammenhänge bleiben nämlich besser im Gedächtnis haften als rezeptiv-passiv aufgenommene abstrakte Lerninhalte."[44]

Durch die aktive Beteiligung werden die Sinne angesprochen und Gelerntes bleibt den Schülern besser im Kopf.

Auch die Lernpsychologie belegt die Behaltenswirksamkeit von außerschulischen Lernorten, da durch aktives Handeln im Durchschnitt 80 bis 90 Prozent vom Gelernten länger behalten wird.[45]

3.3.   Nachteile

Neben den Vorteilen gibt es auch oft genannte Nachteile, von denen ein paar ausgewählte nun vorgestellt werden.

---

[39] Ackermann, S. 28
[40] Vgl. Sauerborn und Brühne, S. 68
[41] Vgl. Bönsch, S. 5
[42] Vgl. Von Reeken, S. 110
[43] Vgl. Burk und Rauterberg, S. 17
[44] Detjen, S. 212
[45] Vgl. Detjen, S. 212

Bei einer nicht-repräsentativen Umfrage der Universität Regensburg wurden als Nachteile eines außerschulischen Besuchs die Kosten, der Zeitdruck aufgrund des Lehrplans und die Entfernung genannt.[46] Zur Entkräftung dieser These kann vorgebracht werden, dass die Kosten und die Entfernung klein gehalten werden können, wenn ein außerschulischer Lernort in der Nähe der Schule aufgesucht wird. Gerade im Politikunterricht bietet es sich an, die lokalen außerschulischen Lernorte zu besuchen. Wenn der Besuch in einer größeren Entfernung liegt, kann ein Teil der Kosten eventuell von der Schule übernommen werden.

Was jedoch tatsächlich nicht unterschätzt werden darf ist die zeitliche Komponente. Für den Besuch eines außerschulischen Lernortes in der Sekundarstufe I sollte mit 12 bis 16 Unterrichtsstunden für den methodischen Dreischritt geplant werden.[47] Die Planung, Durchführung und Nachbereitung eines Besuchs sind also sehr zeitintensiv, auf die Realschule bezogen muss dazu gesagt werden, dass Politik im Fächerverbund Erdkunde-Wirtschaft-Gemeinschaftskunde verankert ist. Oftmals bleibt der Lehrkraft schlicht und einfach keine Zeit, einen außerschulischen Lernort zu besuchen, da der Lehrplan es nicht zulässt.

Aber auch diese These lässt sich abschwächen, da es inzwischen viel Literatur mit Umsetzungsmöglichkeiten zu verschiedensten Lernorten gibt, auf die ein Lehrer zurückgreifen und somit etwas Zeit einsparen kann.[48]

Ein weiterer, oft angesprochener Nachteil eines außerschulischen Lernortes zeigt sich in der möglichen Überforderung der Schüler mit der realen Situation, da „[d]ie Orientierung an authentischen Situationen [...] immer auch relativ komplexe Problemstellungen [bedeutet]."[49]

Dies kann jedoch mit einer guten Vorbereitung umgangen werden. Dazu zählt auch die methodische Vorbereitung. Es darf nicht davon ausgegangen werden, dass die Schüler Methoden wie Befragen oder Protokollieren kennen und anwenden können. Deshalb müssen solche Methoden explizit vor dem Besuch eines außerschulischen Lernortes trainiert werden, dann kann es auch nicht zu einer Überforderungssituation kommen.[50]

Es zeigt sich, dass vieles beim Besuch eines außerschulischen Lernortes von der Lehrperson abhängt. Erst durch die didaktische Arbeit der Lehrperson kann aus

---

[46] Vgl. Ergebnisse einer Umfrage der Universität Regensburg, zitiert nach Sauerborn und Brühne, S. 66 f
[47] Vgl. Detjen, S. 208
[48] Vgl. Gaedtke-Eckardt, S .7
[49] Gaedtke-Eckardt, S. 6
[50] Vgl. Detjen, S. 215

einem Ort ein Lernort werden. „Wenn der Lehrer eine Erkundung ansetzt und dabei sich und den Schülern die anstrengende Vorbereitungsarbeit erspart, leistet er einem oberflächlichen Aktionismus Vorschub, der nicht zu rechtfertigen ist."[51]

Auch die Leistungsbewertung wird oft als Nachteil aufgeführt.[52] Wenn der Besuch eins außerschulischen Lernortes jedoch nach dem methodischen Dreischritt von Burk und Claussen durchführt wird, so gibt es nach der Phase der Nachbereitung durchaus Produkte, wie beispielsweise Plakate oder Portfolios, die bewertet werden können. Außerdem sollte so ein Besuch in eine Unterrichtseinheit eingebettet sein, es kann also davon ausgegangen werden, dass auch in vorherigen oder nachfolgenden Stunden mündliche Noten gemacht werden können, die in die abschließende Leistungsbewertung einfließen.

---

[51] Detjen, S. 214
[52] Vgl. Sauerborn und Brühne, S. 68

4. Ein konkreter politischer außerschulischer Lernort - Das Gericht

In diesem Kapitel wird nun ein konkreter politischer außerschulischer Lernort vorgestellt: Das Gericht. Zunächst wird aufgezeigt, welchen Bezug das Gericht zur Schule hat, danach wird der klassische Dreischritt Planung- Durchführung- Nachbereitung exemplarisch vollzogen.

4.1.   Bezug zur Schule

In den Bildungsstandards für EWG an Realschulen in Baden-Württemberg wird bis zur 8. Klasse unter dem 5. Themenpunkt ‚Leben in einem Rechtsstaat' auch das Gerichtswesen behandelt:

> *„Die Schülerinnen und Schüler können*
> *- erfassen, dass die Rechtsordnung in unserem Staat das Zusammenleben freier Menschen ermöglicht und Freiheit nur in einem Raum anerkannter und geschützter Rechte existieren kann;*
> *- Grundlagen der Rechtsordnung der Bundesrepublik Deutschland und deren Bindung an die Menschenrechte erläutern;*
> *- Beispiele aus dem Rechtsleben aufzeigen sowie aktuelle und künftige Rechte und Pflichten in der Gemeinschaft nennen und begründen;*
> *- Informationen aus Lerngängen und Projektergebnisse sachbezogen präsentieren."*[53]

Im letzten Unterpunkt werden Lerngänge direkt angesprochen, es bietet sich also an, zu Beginn, während oder am Ende dieser Unterrichtseinheit ein Gericht als außerschulischen Lernort zu besuchen. Durch den Besuch eines Gerichts und der damit verbundenen Vor- und Nachbereitung können die Schüler lernen, wie die deutsche Rechtsordnung aufgebaut ist, welche Rechte und Pflichten ein Bürger hat und was geschieht, wenn jemand gegen diese verstößt.
Neben der Rechtserziehung der Schüler werden sie beim außerschulischen Lernort Gericht auch an den Umgang mit Institutionen und den dazugehörenden Ritualen

---

[53] Landesbildungsserver Baden- Württemberg, S. 9

gewöhnt. Beispielsweise ist es üblich aufzustehen, sobald der Richter oder die Richterin den Saal betritt. [54]

4.2. Planung des Besuchs

Der Besuch des außerschulischen Lernortes wird fiktiv für eine 8. Klasse einer Realschule geplant. Neben dem Besuch einer Gerichtsverhandlung wird anschließend ein Expertengespräch mit dem Richter geführt.

Der außerschulische Lernort wird am Ende der Unterrichtseinheit ‚Leben in einem Rechtstaat' besucht, die Schüler kennen die Grundzüge des Rechtstaats bereits.

Zunächst sollte die Art des Gerichts gemeinsam mit der Klasse ausgewählt werden. Für Jugendliche könnte ein Amtsgericht, das sich beispielsweise mit Jugendstrafverfahren beschäftigt, spannender sein als ein Besuch eines Finanzgerichts. Die meisten Jugendstrafverfahren werden jedoch unter Ausschluss der Öffentlichkeit verhandelt.[55]

Wenn man davon ausgeht, dass die Klasse sich für ein Amtsgericht entscheidet, sollte ein Termin gewählt werden, der mit dem Gericht, der Schulleitung und den Schüler abgeklärt wird. Auch das an den Besuch anschließende Expertengespräch mit einem Richter muss terminiert werden.

Welcher Fall vor dem Amtsgericht behandelt wird, steht meist erst kurz vorher fest. Dennoch sollte sich die Lehrkraft vorab informieren, um auszuschließen, dass jemand vor Gericht steht, der den Schülern möglicherweise bekannt ist.

Die organisatorischen Angelegenheiten müssen festgelegt werden, dazu gehört der Fußweg oder die Fahrt zum außerschulischen Lernort, eventuell auftretende Kosten und die Dauer des Besuchs.

Um die Schüler auf den Besuch vorzubereiten ist es möglich, die Klasse eine Gerichtsshow anschauen zu lassen, beispielsweise „Richterin Barbara Salesch" oder „Richter Alexander Hold". Eine Aufgabe der Schüler könnte darin bestehen, sich während der Sendung zum Ablauf der dargestellten Gerichtsverhandlung, zur Sitzordnung, zu den Beteiligten und ihrem Verhalten Notizen zu machen.

Die genannten Fernsehsendungen sind fiktive Gerichtsverhandlungen, die mit der Realität wenig gemeinsam haben, da sie überspitzt oder falsch dargestellt werden.

---

[54] Vgl. Sandmann, S. 59
[55] Vgl. Sandmann, S.60

Die Sendungen laufen täglich im Privatfernsehen und dürften den Schüler ein Begriff sein.

Eine weitere Möglichkeit der Vorbereitung ist ein Rollenspiel zu einer Gerichtsverhandlung. Da die Schüler wahrscheinlich kaum Kenntnisse über den genauen Ablauf einer Gerichtsverhandlung haben, werden sich dabei schnell Fragen auftun, die notiert und beim Besuch geklärt werden könnten.

Auch die Aufarbeitung eines exemplarischen Falls ist eine Möglichkeit der Vorbereitung. Sandmann stellt in seinem Aufsatz „Unterrichtsvorhaben: Gerichtsbesuch" einen konkreten Fall und dazugehörige verschiedenste Arbeitsmaterialien wie Polizeiprotokoll, Anklageschrift und Urteil vor, anhand derer die Schüler einen Fall bearbeiten können.[56]

Neben der inhaltlichen Einarbeitung sollte auch eine methodische erfolgen. Bei der Gerichtsverhandlung könnten die Schüler beispielsweise in sieben Gruppen aufgeteilt werden, die unterschiedliche Aufgaben erhalten. In jeder Gruppe sind zwischen drei und vier Schülern. Während eine Schülergruppe ein Protokoll über die gesamte Verhandlung anfertigt, setzen sich fünf anderen Gruppen mit den beteiligten Personen (Richter, Staatsanwalt, Angeklagter, Anwalt, Zeugen) und ihrem Verhalten auseinander. Eine weitere Gruppe hat die Aufgabe, einen genauen Sitzplan zu erstellen. In der methodischen Vorbereitung müssen die Schüler auf ihre jeweiligen Aufgaben vorbereitet werden, zum Beispiel indem das Anfertigen eines Protokolls geübt wird.

4.3. Durchführung

Nach der Ankunft beim Amtsgericht wäre es von Vorteil, wenn die Klasse von einem Repräsentant der Institution begrüßt und durch die Einrichtung geführt wird. Zwar kennen die Schüler die Grundzüge des Rechtsstaats und der Gerichtsbarkeit, doch wissen sie nicht um die Vielfalt des deutschen Gerichtswesens. Daher würde es sich anbieten, wenn der Repräsentant auch auf die Zuständigkeit des Amtsgerichts eingeht.

Nachdem die Klasse die Räumlichkeiten wie Arrestzelle und Richterzimmer gesehen hat, wird eine Gerichtsverhandlung besucht. Was verhandelt wird, steht erst wenige Tage vorher fest. Es ist also nicht möglich, gezielt eine Verhandlung auszusuchen.

---

[56] Vgl. Sandmann, S. 62 *ff*

Während der Verhandlung bearbeiten die Schüler ihre jeweilige Aufgabe, notieren sich aufkommende Fragen und verfolgen das Geschehen.

Nach der Verhandlung wird ein Expertengespräch mit dem Richter der Verhandlung geführt, sodass auch Fragen zur Verhandlung und zum Urteil gestellt werden können. Auch die Fragen, die sich bereits in der Phase der Vorbereitung gestellt haben, können nun vom Richter beantwortet werden. Die Lehrperson sollte seine Schüler beim Expertengespräch ermuntern, Fragen zu stellen.

Beim Abschluss des Gesprächs bedanken sich Lehrperson und Klasse beim Richter. Abschließend verabschiedet sich auch der Repräsentant der Institution, die Klasse kann noch letzte Fragen an ihn richten.

Insgesamt dauert der Aufenthalt im Amtsgericht circa 4 Stunden. Eine Stunde für das Gespräch mit dem Repräsentant und der Führung durch das Gericht, circa eineinhalb bis zwei Stunden für die Gerichtsverhandlung und eine Stunde für das Expertengespräch mit dem Richter. Wenn die Gerichtsverhandlung kürzer ausfällt, besteht eventuell die Möglichkeit, eine weitere Gerichtsverhandlung zu verfolgen.

4.4.   Nachbereitung

Bei der Nachbereitung am nächsten Tag wird zunächst über die Eindrücke der Schüler gesprochen. Wie hat ihnen der Besuch gefallen? Was ist ihnen aufgefallen? Was haben sie so nicht erwartet?

Dazu sollen die Schüler auch ihre Notizen zu den jeweiligen Aufgaben während der Gerichtsverhandlung vortragen. Die Klasse kann anschließend über das Urteil und das Strafmaß diskutieren. Auch die Möglichkeit der Berufung kann hierbei angesprochen werden.

Falls Fragen offen geblieben sind, sollten diese durch die Lehrperson geklärt werden. Anschließend kann ein Bogen zur Vorbereitung geschlagen und die Notizen der Fernsehsendung mit den Notizen von der realen Gerichtsverhandlung verglichen werden. Dabei sollte der Unterschied klar werden, dass bei der Fernsehsendung eine Verhandlung anders abläuft, als es in der Realität geschieht. Auch das Rollenspiel könnte erneut durchgeführt werden, diesmal mit korrekter Sitzordnung und einem verhandlungsähnlichem Ablauf.

Wenn Interesse in der Klasse besteht, kann ein Artikel für die Schülerzeitung verfasst werden. Auf eine ausführliche Dokumentation oder weitere Ausarbeitung zum Besuch des außerschulischen Lernortes wird verzichtet, da die Unterrichtseinheit mit diesem Ereignis als abgeschlossen gilt.

5. Fazit

Politische außerschulische Lernorte haben eine große Bedeutung für den Kompetenzerwerb der Schüler, wenn sie richtig vor- und nachbereitet werden. Ein bloßer Ausflug zu einem Lernort bringt den Schülern außer einem unterrichtsfreien Vormittag nicht viel.

Außerschulische Lernorte können den Schulalltag bereichern, doch in der Realität wird diese Abwechslung nicht all zu oft genutzt. Oftmals wird dafür der große zeitliche Aufwand vorgeschoben. In Baden-Württemberg muss zudem berücksichtigt werden, dass Politik, wie bereits erwähnt, im Fächerverbund Erdkunde-Wirtschaft-Gemeinschaftskunde verankert ist. Somit bleibt für Politik allgemein wenig Zeit. Hinzu kommt noch, dass EWG ein Nebenfach mit lediglich zwei Schulstunden in der Woche ist.

Doch wie bereits unter 3.3 erwähnt, gibt es zahlreiche Literatur mit Vorschlägen für außerschulische Lernorte, die eine Vorbereitung erleichtern. Außerdem können außerschulische Lernorte auch fächerübergreifend aufgesucht werden, somit stehen mehr Stunden zur Vor- und Nachbereitung im Schulalltag zur Verfügung.

Des Weiteren muss beachtet werden, dass es gerade im Politikunterricht schwierig ist, die unterschiedlichen politischen Dimensionen polity, policy und politics begreifbar zu machen. Zwar kann lokale Politik und Institutionskunde durch außerschulische Lernorte näher gebracht werden, doch gerade die Dimension politics ist schwer durch außerschulische Lernorte zu vermitteln. Bei den Institutionen, wie beim hier aufgeführten Beispiel Gericht, ist es jedoch oftmals so, dass die Schüler eine passive Rolle einnehmen. Sie können also nichts entdecken, sondern erhalten einen durch die Institution vorgegebenen Einblick. Umso wichtiger ist deswegen eine intensive Vor- und Nachbereitung.

Außerschulische Lernorte sollten im Schulalltag dosiert eingesetzt werden und im Lernprozess integriert sein. Wenn außerschulische Lernorte zu oft eingesetzt werden, verliert sich ihr Reiz und sie gehen in alltägliches über.

Zusammenfassend fällt auf, dass aufgrund der organisatorischen Rahmenbedingungen oftmals keine Zeit für den Besuch eines außerschulischen Lernortes bleibt. Dennoch wäre es wünschenswert, wenn außerschulische Lernorte mehr Beachtung im alltäglichen Schulleben erfahren würden.

6. Literatur

6.1.   Bücher

Ackermann, Paul: Einführung: Außerschulische Lernorte- ungenutzte Chancen politischer Bildung. In: Ackermann, Paul (Hrsg.): Politisches Lernen vor Ort. Außerschulische Lernorte im Politikunterricht. Stuttgart: Klett-Verlag, 1988. S.8-23

Brühne, Thomas: Zur Didaktik des außerschulischen Lernens. Lernen zwischen Primärerfahrung und Handlungsorientierung. In: Praxis Schule 5-10. Außerschulisches Lernen. Braunschweig: Westermann-Verlag, 22. Jahrgang, April 2011

Burk, Karlheinz; Rauterberg, Marcus; Schönknecht, Gudrun (Hrsg.): Einführung: Orte des Lehrens und Lernens außerhalb der Schule. In: Burk, Karlheinz; Rauterberg, Marcus; Schönknecht, Gudrun: Schule außerhalb der Schule. Lehren und Lernen an außerschulischen Orten. Frankfurt am Main: Grundschulverband – Arbeitskreis Grundschule e.V., 2008. S.11-19

Burk, Karlheinz; Claussen, Claus: Zur Methodik des Lernens außerhalb des Klassenzimmers. In: Burk, Karlheinz; Claussen, Claus (Hrsg.): Lernorte außerhalb des Klassenzimmer II. Methoden-Praxisberichte-Hintergründe. Frankfurt am Main: Arbeitskreis Grundschule e.V.,[4]1998. S. 18-41

Detjen, Joachim: Erkundungen und Sozialstudien. In: Bundeszentrale für politische Bildung (Hrsg.): Methodentraining I für den Unterricht. Themen und Materialien. Schwalbach/Ts.: Wochenschau Verlag,[3]2007. S. 195-224

Messmer, Kurt; Von Niederhäusern, Raffael; Rempfler, Armin; Wilhelm, Markus (Hrsg.): Ausserschulische Lernorte – Positionen aus Geographie, Geschichte und Naturwissenschaften. Zürich: LIT Verlag, 2011

Meyer, Hilbert: UnterrichtsMethoden. II: Praxisband. Berlin: Cornelsen-Verlag,[13]2010

Sandmann, Fritz: Unterrichtsvorhaben: Gerichtsbesuch. In: Ackermann, Paul (Hrsg.): Politisches Lernen vor Ort. Außerschulische Lernorte im Politikunterricht. Stuttgart: Klett-Verlag, 1988. S.58-71

Sauerborn, Petra; Brühne, Thomas: Didaktik des außerschulischen Lernens. Baltmannsweiler: Schneider Verlag Hohengehren, 2007

Von Reeken, Dietmar: Politisches Lernen im Sachunterricht. Didaktische Grundlegungen und unterrichtspraktische Hinweise. Baltmannsweiler: Schneider Verlag Hohengehren, 2007.

6.2.   Internetquellen

Bönsch, Manfred: Unterrichtsmethodik für außerschulische Lernorte. S. 4- 10. URL: http://www.schullandheim.de/dokumente/slh_boensch_methodik.pdf [Stand: 15.September 2013]

Gaedtke-Eckardt, Dagmar-Beatrice: Außerschulische Lernorte. 2009. URL: http://www.oldenbourg-klick.de/zeitschriften/foerdermagazin/archiv-downloads/view/artikel/download/artikelnummer/fom20090705/ [Stand: 04.September 2013]

Thüringer Schulportal: Lernorte aus schulischer Sicht. URL: http://www.schulportal-thueringen.de/lernorte/lernorteundschule [Stand: 22. August 2013]

Landesbildungsserver Baden- Württemberg: Bildungsstandards für den Fächerverbund Erdkunde- Wirtschaftskunde- Gemeinschaftskunde. URL: http://www.bildung-staerkt-menschen.de/service/downloads/Bildungsstandards/Rs/Rs_EWG_bs.pdf [Stand: 16.09.2013]